LEÇON
DE FORTIFICATION
DONNÉE
A M. ARAGO,
Secrétaire perpétuel de l'Académie des Sciences,

Par le chef de Bataillon du Génie T. CHOUMARA,

POUR SERVIR DE RÉPONSE

Aux Lettres de M. ARAGO, sur les Fortifications de Paris.

—

En fortification, comme en politique,
C'est le faible qui trompe, et le puissant commande.

1re LETTRE,
OU LEÇON PRÉPARATOIRE.

Monsieur,

Vous jouissez de l'heureux privilége de fixer l'attention du public et de faire retentir toutes les trompettes de la renommée, alors même que, sortant de votre spécialité, vous traitez des sujets avec lesquels vous ne pouvez être bien familiarisé, et qui sont évidemment au-dessus de la portée de l'intelligence de la masse des lecteurs dont les applaudissements vous sont acquis. Ce n'est pas moi, monsieur, qui vous rappellerai, comme un épouvantail, le vieil adage: *Ne sutor ultrà cre-*

pidam; je suis trop convaincu qu'*un homme de génie,* ou seulement *un homme de sens*, peut éclairer les questions les plus délicates et les plus compliquées, quand il prend la peine de les approfondir, pour douter de votre aptitude à traiter la question des fortifications de Paris, si vos nombreuses occupations vous eussent permis de la bien étudier. Malheureusement le privilége dont je viens de parler contribue à donner à celui qui en jouit une confiance dangereuse; l'habitude du professorat porte à trancher du maître dans des circonstances où une prudente réserve conseillerait de se tenir sur le banc des auditeurs, pour ne pas compromettre l'autorité d'un beau nom. Je vais, monsieur, vous en citer deux exemples frappants, dont vous êtes le héros.

En 1843, un officier d'artillerie, M. Tortel, si je ne me trompe, oublie ou feint d'oublier la véritable portée des projectiles lancés par les bouches à feu; aussitôt la manie du professorat se saisit de vous (1). Trois longues lettres sont écrites aux journaux, et, grâce à votre célébrité, insérées dans *le National* des 15 et 23 juin, et 21

---

(1) M. Arago triomphe de son adversaire anonyme, sans miséricorde; il ne devra pas trouver mauvais qu'on le traite de la même manière, quand il se mettra dans le même cas.

Parlant de M. Tortel, il dit:

« *Au risque de blesser son amour-propre, je lui apprendrai*, etc. »

A la page suivante il ajoute:

« Je dois dire, *soit pour l'instruction de M. l'officier anonyme*, » *soit*, etc. »

Toutes ces phrases ne sentent-elles pas le professeur infatué de son savoir?

juillet. 38 pages sont consacrées à prouver que, volontairement ou involontairement, M. Tortel a péché par *ignorance* ou par oubli. *Quelle stérile fécondité!*

En 1843, M. le colonel du génie Vauvilliers publie un ouvrage, rempli de recherches et de rapprochements curieux, ayant pour objet de signaler le danger de l'*abus des fortifications,* et de combattre le système de distribution des places sur trois lignes, en échiquier, à la frontière des États, système prôné outre mesure par Cormontaigne, d'Arçon, etc., et enseigné dans les écoles du génie. M. Vauvilliers cite un grand nombre de faits de guerre desquels il lui paraît résulter qu'une armée libre de ses mouvements, agissant en masse, doit obtenir des résultats tout autrement importants qu'une armée du même nombre d'hommes disséminée dans des places fortes. Ce fait est vrai; il est d'accord avec l'expérience et avec le bon sens; mais, pour exprimer sa pensée par une image propre à la fixer dans le souvenir de ses lecteurs, il essaie de la représenter par une *formule fantastique*, dans laquelle l'augmentation de force produite par une place est indiquée par le signe +, tandis que l'augmentation de force produite par la mobilité ou vitesse est représentée par le signe ×. L'idée de cette formule, même considérée comme simple approximation, est assurément malheureuse; c'est un abus du langage scientifique contre lequel l'auteur aurait dû se tenir en garde; il le reconnaît lui-même à la page 102, où il l'établit; il dit: « L'erreur des *fortificomanes* vient de » ce qu'ils n'ont point voulu distinguer une addition

» d'une multiplication : *qu'on nous pardonne une telle » proposition.* » Cependant, à la page 231, il retombe dans le péché dont il avait jugé nécessaire de demander l'absolution; la manie du langage scientifique le reprend; s'appuyant sur l'espèce de parabole de Napoléon : *La force des armées s'évalue par la masse multipliée par la vitesse*, il fait le raisonnement suivant:

« Soit donc A la masse d'une armée de garnison, et B la puissance » des remparts; la force totale sera représentée par A + B.

» La force de l'armée assiégeante étant A′, elle tiendra de la force » de ses tranchées une augmentation B′; mais une telle armée ma- » nœuvre, *les tranchées marchent;* elle est donc animée d'une vi- » tesse V, en sorte que la force de cette seconde armée sera repré- » sentée par (A′ + B′) V. »

Pour arriver ensuite à quelques résultats numériques, M. Vauvilliers fait différentes hypothèses plus ou moins gratuites sur les valeurs de A, de B, de A′, de B′, et de V; alors il en tire successivement la conséquence qu'à nombre égal, la force de l'armée assiégeante sera à celle assiégée tantôt comme 25 : 20, tantôt comme 50 : 20. Il pourrait ainsi arriver à tel résultat qu'il voudrait, puisque rien ne le force de s'arrêter dans le vaste champ des hypothèses arbitraires.

C'est en abusant ainsi des hypothèses qu'il fait une application aux fortifications de Paris. Voici celles auxquelles il s'arrête :

« Si l'on égalait A + B a (A′ + B′) 3, et que, pour Paris, par » exemple, l'on prît A = 60,000, B = 4A et B′ = A′, l'on aurait » 60,000 + 240,000 = 2A′ × 3, d'où l'armée assiégeante égale » A′ = 50,000 hommes. Ainsi (dit-il dans cette hypothèse) 50,000 » alliés assiégeants seraient aussi forts que 60,000 hommes défen- » dant Paris. »

Puis M. Vauvilliers ajoute en note:

« Si l'on objectait que prendre V égal 3 est trop, comme V ne » peut être plus petit que 2, en l'introduisant dans l'équation, on » trouverait qu'il faut 75,000 pour A' quand A = 60,000. »

D'après cette note, cet officier admet d'autres hypothèses que la sienne. On peut, par exemple, augmenter B, et diminuer B'. Supposons que B = 9 A, que $B' = \frac{1}{10}$ de A', et que V = 2; alors on aurait 60,000 + $540,000 = \left(A' + \frac{A'}{10}\right) \times 2 = \frac{22\,A'}{10}$, d'où l'on déduira A' = 272,727. Ainsi l'armée assiégeante devrait être de 272,727 hommes.

La difficulté pour arriver à un résultat rationnel se réduit donc à fixer les vraies valeurs des quantités qui entrent dans la formule, *difficulté insurmontable*, comme je le ferai voir tout-à-l'heure; mais elle doit peu nous inquiéter, puisque cette formule est un hors-d'œuvre tout-à-fait inutile; fût-elle vraie, il eût été sage de ne pas l'employer, pour ne pas obscurcir l'ouvrage par un vernis scientifique; le seul conseil à donner à l'auteur, était de lui dire : supprimez ce hors-d'œuvre, il n'ajoute rien à l'éloquence des faits.

Ce n'est point ainsi, monsieur, que vous avez agi. Laissant de côté tous les faits incontestables dont l'ouvrage abonde, vous ne voyez que l'(A + B) et l'(A' + B')V. Croyant prendre l'auteur en flagrant délit de comparaison de quantités hétérogènes, vous saisissez l'occasion de donner une leçon d'arithmétique à l'*officier du génie;* vous ne nommez point M. Vauvilliers, quoique son nom soit en tête de son ouvrage; ainsi votre leçon paraît applicable à tous les officiers du génie, auteurs de considérations militaires! comme j'ai l'honneur d'en avoir présenté sur les *Mémoires du maréchal Suchet* et sur la *bataille de Toulouse.* Quoique n'étant pas colonel du génie en retraite, on pourrait supposer, comme quelques uns de mes camarades l'ont fait, que votre leçon s'adressait à moi.

J'ignore, monsieur, ce que pensera le corps du génie de la manière dont vous avez rempli ce que vous appelez un *pénible devoir;* je n'ai point la prétention de m'offrir comme son représentant ou son organe : seulement, en ma qualité de membre de ce corps et de vieux camarade de campagne du colonel Vauvilliers, je veux vous témoigner ma part de reconnaissance, et pour ne point demeurer en reste de bons procédés avec vous, en échange de votre leçon de balistique *à l'usage des officiers de l'artillerie*, de votre leçon d'arithmétique *à l'usage des officiers du génie*, je viens vous offrir une leçon de fortification *à l'usage des académiciens.* Semée en aussi bon terrain, elle ne peut manquer de produire d'excellents fruits, dont la saveur sera appréciée par messieurs les députés, si, comme vous le désirez, la loi sur les fortifications de Paris est de nouveau mise en délibération.

Avant d'entrer en matière, permettez-moi, monsieur, de faire une excursion dans vos domaines, ou, si vous l'aimez mieux, dans ceux de l'arithmétique, dont vous vous déclarez, si intempestivement, l'infortuné chevalier. Cette excursion ne sera pas inutile, elle servira d'introduction, fixera nos idées sur la marche à suivre pour apprécier la valeur des idées en fortification; elle nous conduira à faire justice d'un crime de lèse-arithmétique, de la nature de celui reproché par vous au colonel Vauvilliers, mais bien autrement dangereux, puisque, commis il y a près de soixante ans par le chef le plus influent du corps du génie, il pèse, depuis cette époque, sur ce corps comme un véritable cauchemar, et a, sans aucun doute, étouffé dans leur germe un grand nombre d'excellentes idées.

C'est aussi avec un *profond regret* et pour remplir un *pénible devoir* que je me décide à entrer en lice contre vous. Ne faisant point partie des écrivains gagés pour immoler les noms honorables sur les autels des jésuites de sacristie, ou de robe courte, ou en uniforme, j'aimerais mieux vous applaudir que vous combattre; mais, vous l'observez vous-même, la *vérité* et la *justice* ont des droits sacrés, *on ne les viole jamais impunément;* il vous était réservé, monsieur, d'en faire la triste expérience; puisse ce qui vous arrive ouvrir les yeux aux personnes qui profanent chaque jour le culte de ces deux divinités!

Examinons d'abord la manière dont vous faites l'analyse des idées de M. Vauvilliers.

« M. le colonel du génie en retraite, dites-vous, tire d'un calcul » où figurent des signes algébriques, cette conséquence *étourdis-* » *sante :* cinquante mille soldats en rase campagne seraient aussi » forts que soixante mille se défendant derrière une fortification

» quelconque. Serait-il donc vrai que les mathématiques pussent » servir d'appui à ce qui blesse le simple bon sens ?

» Non, non, les mathématiques n'ont rien à faire ici; les prétendues formules de l'honorable colonel ne supportent pas un instant » d'examen sérieux. »

Dès votre premier pas, monsieur, vous donnez un croc-en-jambe à la justice; votre analyse, permettez-moi de vous le dire, est infidèle; vous forcez le sens du passage que vous citez, vous présentez le résultat d'une hypothèse particulière comme un résultat absolu, dérivant nécessairement et toujours de la formule; cependant l'auteur a pris soin de vous avertir que d'autres hypothèses pouvaient être faites; il en présente une dans laquelle l'assiégeant devrait avoir soixante-quinze mille hommes pour être aussi fort que l'assiégé; j'en ai indiqué une autre, de laquelle il résulte que l'assiégeant devrait avoir plus de deux cent soixante-douze mille hommes pour être aussi fort que les soixante mille de l'assiégé; avec d'autres suppositions, on serait conduit, *par la formule*, à trouver pour A′, force nécessaire à l'armée assiégeante, trois ou quatre, ou *cinq cent mille* hommes. Ce n'est donc point la faute de la formule, si M. Vauvilliers n'a trouvé que les nombres *cinquante mille* ou *soixante-quinze mille*, c'est la faute des suppositions erronées faites par l'auteur sur les valeurs de B, de B′ et de V, c'est-à-dire sur la valeur relative des fortifications de la place, de la fortification des tranchées et de la vitesse des travaux des assaillants. En donnant, dans la formule, des valeurs convenables à A, B, B′ et V, on obtiendrait des résultats semblables à peu près à ceux indiqués par l'expérience.

Ceci, monsieur, ne souffre pas de réplique; votre début est malheureux. Si les analyses des mémoires ou correspondances présentées à l'Académie par son secrétaire perpétuel offraient des erreurs de ce genre, elles seraient sévèrement qualifiées par les membres de cet illustre corps.

Passons à la seconde partie de votre réfutation; la voici :

« Pour mettre en relief les avantages *incontestables* de la mobilité, » Napoléon disait, dans son langage sententieux : *La force d'une « armée s'évalue par la masse multiplée par la vitesse.* L'auteur des » *Considérations militaires* adopte cet aphorisme comme une vérité » mathématique; il le traduit en caractères algébriques, et procède » ensuite à la comparaison des troupes assiégeantes et des troupes » assiégées. Les premières, dit-il, manœuvrent; *les tranchées mar-» chent.* Dans l'évaluation de la puissance des assiégeants, on doit » donc tenir compte, non seulement de leur masse, mais encore de » la vitesse qui les anime.

» Quant aux assiégés, comme ils ne marchent pas, *l'auteur se » croit autorisé à laisser de côté le multiplicateur dépendant de la » vitesse :* aussi quand il arrive à former la fraction destinée à donner » le rapport numérique de la force des assiégés à la force des assié-» geants, le *numérateur est une masse, et le dénominateur un produit » où figurent à la fois une masse et une vitesse.* Le numérateur et le » dénominateur sont dès lors, comparativement, des *quantités hété-» rogènes* dont on ne saurait assigner le rapport numérique abstrait, » pas plus qu'il ne serait possible de donner le quotient de 1,500 » mètres divisés par 5 kilogrammes. »

Ici, monsieur, l'étonnement me force à m'arrêter. Je me demande : est-ce bien un ancien élève de l'École polytechnique, est-ce le savant Arago entré hors rang à cette école, et sorti de même, est-ce le mathématicien distingué choisi pour mesurer la méridienne, est-ce, enfin, le secrétaire perpétuel de l'Académie des sciences qui a écrit ces lignes? Cela paraîtrait incroyable si cela ne se trouvait dans tous les journaux avec la signature de l'auteur. Comment supposer, en effet, que vous ignorez les premiers éléments de cette arithmétique au nom de laquelle vous vous insurgez? Parce que M. Vauvilliers a mis sa formule sous la forme $A + B = (A' + B')\,V$, vous osez écrire: *L'auteur se croit autorisé à laisser de côté le multiplicateur dépendant de la vitesse.* Ne savez-vous donc pas, monsieur, que tout nombre a pour multiplicateur l'unité; que, par conséquent, $A+B = (A+B) \times I$; mais que les arithméticiens ou algébristes sont convenus de supprimer ce multiplicateur et le signe représentatif de la multiplication? Dès lors la formule de M. Vauvilliers équivaut à celle-ci $(A + B) \times 1 = (A' + B') \times V$. Ainsi, dans cette formule, la vitesse des assiégés est prise pour unité; dès lors V n'est plus qu'un nombre *abstrait;* c'est le rapport ou quotient de la vitesse de l'assiégeant, divisée par la vitesse de l'assiégé. Quand M. Vauvilliers fait $V = 2$, cela veut dire que la vitesse des assiégeants est double de celle des assiégés; quand il fait $V = 3$, cela veut dire que la vitesse des assiégeants est triple de celle des assiégés. Si l'on adoptait la vicieuse locution de Napoléon, et qu'il n'y eût pas d'autres causes d'erreurs, il n'y aurait point comparaison entre des quantités hétérogènes, mais entre des quantités homogènes. Ce serait une force comparée avec une force. Le langage de M. Vauvilliers et sa formule sont donc, sous ce rapport, conformes au langage et aux formules consacrés en mathématiques; ils reposent sur le même raisonnement et les mêmes conventions que ceux d'après lesquels on dit :

La surface d'un rectangle est égale à sa base multipliée par sa hauteur.

Le volume d'un parallélipipède est égal à la surface de sa base par sa hauteur.

L'espace parcouru, dans le mouvement uniforme, est égal à la vitesse multipliée par le temps.

Dans le mouvement uniformément accéléré des corps graves, l'espace parcouru est égal à la moitié de la gravité multipliée par le carré du temps.

Enfin, monsieur, si vous n'étiez pas convaincu, je vous renverrais à la Mécanique de Poisson, où vous trouverez l'équation suivante : $P=VDg$, dans laquelle P représente le poids d'un corps, V son volume, D sa densité et g sa gravité, et se traduit ainsi : le *poids* d'un corps est égal à *son volume* multiplié par *sa densité*, multiplié par *la gravité*. Certes, voilà des quantités aussi hétérogènes que celles que vous attaquez; mais ces lettres représentent des nombres abstraits, V exprime le nombre d'unités cubiques renfermées dans le volume du corps, D le rapport numérique de sa densité à celle de l'eau prise pour unité, g le rapport de la pesanteur relative au point de l'espace occupé par ce corps à la pesanteur choisie pour unité de force et relative à un lieu déterminé; l'unité de poids est le poids d'une unité cubique d'eau transportée dans ce dernier lieu, et P désigne le nombre de ces unités dont le poids du corps est composé; de même que dans la formule de M. Vauvilliers, V exprime le nombre abstrait indiquant combien de fois l'unité représentative de la vitesse des assiégés est contenue dans le nombre indiquant la vitesse des assiégeants.

D'après cela, monsieur, comment qualifier l'incroyable raisonnement par lequel vous prescrivez, *de par l'arithmétique*, ce que, selon vous, M. Vauvilliers aurait dû faire? Ce raisonnement est trop curieux pour en priver le lecteur; voici textuellement ce que vous dites :

« Dès que l'auteur des *Considérations militaires* voulait introduire » la vitesse, comme multiplicateur, dans l'évaluation numérique de » la puissance comparative des armées, il lui était commandé, *de* » *par l'arithmétique*, de faire usage du multiplicateur *zéro*, toutes » les fois que ses raisonnements l'amenaient à s'occuper d'une armée » assiégée. En procédant de cette manière, les fortifications se se- » raient présentées comme annulant toute force militaire, car le pro- » duit d'une quantité quelconque par zéro est toujours zéro. L'offi- » cier du génie n'eût certainement pas admis une semblable consé- » quence, et *je n'aurais pas eu le pénible devoir de fouiller dans ses* » *prétendues formules algébriques* POUR EN EXTRAIRE UNE INCONCEVABLE » MÉPRISE ARITHMÉTIQUE. »

Ici encore, monsieur, je suis forcé de m'écrier: Est-ce bien l'illustre secrétaire perpétuel de l'Académie des sciences qui a écrit ces lignes? Sans doute, en y réfléchissant, vous ferez la même question; vous demanderez par suite de quelle aberration d'intelligence un semblable raisonnement a pu trouver place dans votre cerveau. Eh quoi! le savant Arago, donnant du corps à une fiction de notre bon La Fontaine, vient nous offrir une représentation matérielle de la fable *du Singe et le Dauphin!* Le magot prend le nom d'un port pour un nom d'homme; le savant Arago *prend une place pour sa garnison!* De l'*immobilité de l'une*, il conclut l'*immobilité de l'autre*. C'est là, monsieur, ce qui constitue une *inconcevable méprise*, non d'arithmétique, mais de sens commun, dans laquelle M. Vauvilliers s'est bien gardé de tomber.

Ce colonel, parlant au figuré, dit: *Les tranchées marchent*, pour indiquer que, sous l'appui de ces tranchées, l'assiégeant gagne du terrain et se rapproche de la place, en restant couvert contre les feux des assiégés; vous prenez cette *figure* au propre; au lieu de voir le mouvement intérieur ou extérieur des défenseurs de la place, le mouvement extérieur ou intérieur des assiégeants, vous ne voyez que des parapets et des murailles en repos pour les défenseurs, et des tranchées se rapprochant de ces murailles et parapets.

D'abord, ce mot *tranchées* s'applique aussi bien aux lignes de contre-approches faites par les assiégés qu'aux cheminements des assiégeants: ainsi, dans les défenses des places où l'on fait des lignes de contre-approches, la vitesse, telle que vous l'entendez, n'est pas nulle pour la place; le multiplicateur qui la représenterait ne devrait donc pas être zéro.

D'un autre côté, dans une place assiégée on fait des sorties; dans ces opérations, la *masse* des assiégés est animée d'une grande vitesse; souvent elle culbute tout ou partie des travaux des assiégeants en leur tuant beaucoup de monde et leur faisant perdre une partie du terrain gagné précédement; dans ces moments, la vitesse des assiégeants est décroissante et peut devenir négative en même temps que leur masse diminue (1). Ainsi, dans les places où l'on fait des sorties, comme à Burgos, par exemple, ou à *Grave*, les assiégés étant souvent animés de vitesses plus grandes que celle des assiégeants, le multiplicateur représentant cette vitesse ne peut être représenté par zéro.

Ce raisonnement s'applique non seulement aux contre-approches, aux sorties, aux défenses de brèches et à toutes les actions de vigueur, mais encore aux défenses méthodiques pied à pied, et aux retraites comme aux marches en avant. Les projectiles lancés par les bouches à feu de la place contre les assiégeants et leurs tranchées n'ont-ils pas une vitesse? Cette vitesse ne contribue-t-elle pas puissamment à diminuer celle de l'assiégeant, surtout lorsque ces projectiles sont dirigés contre les têtes des sapes? ne faut-il pas remplacer les sapeurs et les gabions emportés par les balles, les boulets, les obus, les bombes, etc.? et les mines à l'aide desquelles on fait sauter les assiégeants et leurs logements n'ont-elles pas de vitesse? et les retranchements intérieurs construits durant le siége, et les bouches à feu changeant de place pour éviter les enfilades et mieux battre les cheminements, et les troupes se portant alternativement à la défense des ouvrages extérieurs et sur les points les plus favorables pour contrarier la

(1) C'est donc à tort que M. Vauvilliers prétend que, dans la formule, V ne peut être moindre que 2.

marche des assaillants, et les nouvelles batteries que l'on établit, et les nouvelles embrasures que l'on perce, et les blindages que l'on dispose pour mettre les habitants à l'abri des feux courbes, etc., tout cela n'est-il pas du mouvement, et ce mouvement a-t-il lieu sans vitesse?

En voilà trop, monsieur, pour vous montrer qu'une armée ou une garnison défendant une place, ou combattant sous sa protection, n'est point immobile; que sa vitesse ne peut être représentée par zéro. Lorsque vous avez conçu cette idée, vous étiez sans doute sous l'impression de quelque songe pénible. Votre sommeil a été long, puisque je retrouve la même idée reproduite en termes semblables dans la brochure où vous avez réuni vos lettres insérées dans les journaux; remerciez-moi, monsieur, je viens vous débarrasser d'un pénible cauchemar. L'instant du réveil est arrivé; nous retrouverons bientôt le savant Arago digne de lui.

Mais, direz-vous, la formule de M. Vauvilliers est pourtant vicieuse; vous en convenez vous-même, et lui conseillez de la supprimer... Sans doute elle est vicieuse: je l'ai déjà suffisamment prouvé en faisant voir qu'on peut lui faire produire *tout ce qu'on veut.* Par un malheur inconcevable, vous n'avez point saisi son côté vulnérable; vous l'avez attaquée sur les points où elle est inattaquable, vous lui avez supposé des vices qu'elle n'avait pas, et n'avez pas vu ceux qu'elle avait en effet.

Si je ne cherchais, monsieur, que le triste plaisir de

battre un savant sur son propre terrain et d'amener le sourire de l'ironie sur les lèvres de ses ennemis, je m'arrêterais ici; ma vanité serait satisfaite; car, si je ne me trompe, jamais victoire polémique n'a été plus évidente et plus complète. Votre plume accoutumée, comme la lance d'Argaïl, à terrasser ses adversaires, a, pour cette fois, rencontré une cuirasse enchantée contre laquelle elle tenterait en vain de nouveaux efforts; cette cuirasse est la vérité présentée sans prétentions et dans toute sa simplicité. Mais, monsieur, une discussion entre des hommes de notre trempe, sur une question aussi importante que la défense du royaume en général et de notre capitale, foyer de civilisation, point de mire des ennemis de la liberté et de la dignité de l'homme, espérance de tous les esprits généreux répandus sur la surface du globe, ne doit point se restreindre à la stérile satisfaction de quelques sentiments peu élevés de vanité personnelle. Une semblable discussion doit contribuer à éclairer cette grande question, en signalant avec franchise les causes des fautes commises et les moyens de les réparer, autant que cela est possible dans l'état actuel des choses. Si je me suis efforcé de justifier mon vieux camarade Vauvilliers de prétendues méprises qu'il n'avait point commises, je n'hésiterai pas non plus à lui signaler de véritables taches qui déparent son ouvrage et l'ont conduit à des conséquences erronées. Je crois le connaître assez pour être assuré qu'il recevra mes observations avec plaisir; il sait que je ne fais point partie de la coterie doctrinaire du Génie, à laquelle, sans vous en douter peut-être, vous avez servi d'instrument pour étouffer un ouvrage dans lequel, à côté de quelques erreurs, se trouvent malheureusement trop de vérités importantes qu'il est temps de présenter dans toute leur force, dans tout leur éclat, afin de mettre un terme à des calamités qui ont coûté tant de sang et de trésors à la France.

Je continue donc, monsieur, et vais vous faire toucher au doigt une des plaies les plus douloureuses dont le corps du Génie est affligé, et dont l'influence se fait sentir sur la France entière.

Si M. Vauvilliers n'a point commis l'*inconcevable méprise d'arithmétique* dont vous l'aviez gratifié, on ne peut malheureusement en dire autant de tous les membres du corps du Génie. Cette méprise a été commise, il y a près de soixante ans, par l'un des chefs les plus influents de ce corps, par M. Fourcroy de Ramecourt, directeur des fortifications près du ministre de la guerre; cet officier général est auteur d'une formule à laquelle il a donné le nom de principe des *moments de la fortification*. Ce prétendu principe n'est autre chose que la comparaison de quantités hétérogènes entre elles pour en obtenir un quotient résultant de la division de *jours* par de l'*argent,* sans que, cette fois, il soit possible d'en faire, rationnellement, des nombres abstraits.

Ce qui vous étonnera, sans doute, c'est que *vos illustres amis* les généraux Haxo et Valazé étaient admirateurs et partisans outrés de cet absurde principe; les officiers qui ne partageaient pas leur opinion à cet égard étaient par cela même frappés de réprobation ; c'était la *pierre de touche*, le *trébuchet sensible*, comme disait M. de Fourcroy, à l'épreuve desquels on soumettait toutes les nouveautés en fortification, depuis soixante ans.

Ce qui vous étonnerait davantage, si je ne venais de vous démontrer que les Académiciens ont quelquefois de singulières distractions, ce serait d'apprendre que le mémoire de M. Fourcroy, dans lequel ce principe erroné est établi, a été présenté à l'Académie des sciences en 1785 ; qu'un rapport du 16 mars de la même année, signé par MM. le duc de *La Rochefoucault*, *Laplace* et le marquis *de Condorcet*, dans lequel on conclut à l'impression de ce mémoire, comme *pouvant être utile aux progrès d'un art important*, a été fait et approuvé par l'Académie, sans que l'absurdité du principe ait été signalée !

Vous voyez, monsieur, que s'il fallait renvoyer le colonel Vauvilliers à l'école, il s'y trouverait en bonne compagnie, avec vos illustres amis les généraux Haxo et Valazé (1), avec M. Fourcroy, auteur du principe, et enfin avec tous les membres de l'Académie des sciences telle qu'elle était composée en 1785, notamment avec *Laplace*, qui n'était point encore marquis, mais laissait prévoir l'auteur du Système du monde et de la Mécanique céleste, ce qui vaut mieux.

Si votre critique de la formule de M. Vauvilliers n'eût

(1) Voyez ci-après la lettre de ce dernier général.

pas porté à faux, cette révélation n'aurait rien de pénible pour votre amour-propre ; la seule conclusion à tirer, dans cette hypothèse, serait que vous êtes plus fort en arithmétique que le célèbre Laplace et toute l'Académie des sciences ; malheureusement votre découverte viendrait un peu tard ; vous ne seriez ni le premier, ni le deuxième, ni le troisième, parmi les inventeurs !

En 1827, un capitaine du génie publia un ouvrage ayant pour titre : *Mémoires sur la fortification, ou Examen raisonné des propriétés et des défauts des fortifications existantes*, dans lequel il fit justice du principe de M. Fourcroy, seize ans avant que M. Vauvilliers eût la malheureuse pensée de *mathématiser* la sentence empruntée par Napoléon à Révérony-Saint-Cyr (1). Ce capitaine s'appelait et s'appelle encore Théodore Choumara.

En 1812, Carnot, dans son ouvrage sur la défense des places, en avait signalé l'*absurdité*.

Enfin, dès 1786 et 1787, le général Montalembert l'avait longuement discuté et combattu dans les sixième et septième volumes de son ouvrage intitulé : *La fortification perpendiculaire.*

Voilà bien des choses, monsieur, qu'il n'est guère permis d'ignorer quand on veut s'ériger en Aristarque des ingénieurs militaires, et *faire autorité en fortification;* cependant vous paraissez ne pas les connaître, puisque vous n'en parlez pas ; autrement vous n'auriez

(1) Statique de la guerre.

pas perdu une aussi belle occasion de faire des analyses ou des citations, et de rendre justice à vos prédécesseurs dans la grande découverte arithmétique que vous avez jugé à propos de répandre par la voie des journaux. Vous eussiez été d'autant plus porté à citer l'opinion de deux d'entre eux, qu'il leur en a presque autant coûté pour répandre cette vérité qu'il en avait coûté à Galilée pour avoir démontré le mouvemeut de la terre.

Avec tout autre qu'un savant académicien comme vous, monsieur, je me bornerais, sur cet article, aux quelques pages qui précèdent, en renvoyant aux ouvrages de *Montalembert*, *Carnot* et *Choumara;* mais pour vous éviter des peines et des recherches, pour ménager vos précieux instants, que d'autres occupations réclament, je vais mettre sous vos yeux et sous ceux des lecteurs les pièces de ce procès, plus important qu'on ne saurait le croire. Vous me saurez gré d'avoir porté quelques gouttes dans le vaste océan de vos connaissances, et de vous procurer l'occasion de rendre un vrai service au corps du Génie, et par suite à la France.

Lorsque les cinq premiers volumes de l'ouvrage du général Montalembert, intitulé *La fortification perpendiculaire*, parurent de 1776 à 1784, ils produisirent une assez grande sensation pour ébranler le crédit de M. de Fourcroy de Ramecourt, qui remplissait auprès du ministre de la guerre les fonctions de *premier inspecteur* du génie, sous le titre de *Directeur des fortifications*. Ce général, que les officiers de son arme avaient surnommé *l'éteignoir du corps*, fut forcé de rompre le silen avait gardé jusqu'alors à l'égard des auteurs de ce que l'on appelait des *Systèmes de fortification*; M. de Fourcroy rédigea le mémoire dont j'ai parlé plus haut, le présenta à l'Académie des sciences, au nom des officiers généraux du génie, quoiqu'il en fût seul l'auteur.

Si je faisais moi-même l'analyse de ce mémoire, vous pourriez révoquer en doute l'exactitude de mon travail; je laisserai donc ce soin aux membres de l'Académie chargés du rapport: le voici textuellement, tel qu'il se trouve dans l'ouvrage de M. Fourcroy; vous êtes en position d'en vérifier l'exactitude.

Extrait des Registres de l'Académie royale des Sciences, du 16 *mars* 1785.

« Nous, commissaires nommés par l'Académie, avons examiné un mémoire sur la méthode du maréchal de Vauban, pour discuter les questions de fortification.

» Ce mémoire a été présenté par M. de Fourcroy, au nom de plusieurs officiers du corps du génie. Il renferme les principes généraux et quelques applications d'une méthode donnée par M. de Vauban (1) pour juger de la force comparative des différentes places, quel que soit le système de fortification adopté dans leur construction.

» Voici en général en quoi consiste cette méthode. Les mémoires déposés dans les bureaux de la guerre renferment la connaissance exacte des détails des siéges entrepris ou soutenus par les Français depuis plus d'un siècle. Cette connaissance met à portée d'évaluer à

---

(1) M. Fourcroy attribuait à tort sa méthode à Vauban; il trompait sciemment l'Académie, afin de se mettre à l'abri derrière ce grand nom; Vauban avait l'esprit trop juste et trop peu de prétention au titre de savant, pour chercher à établir des formules de cette espèce.

très peu près les obstacles qu'opposent à l'attaque, ou la facilité que donnent pour la défense les parties d'une fortification; et les circonstances particulières des différents siéges fournissent un assez grand nombre de données pour que cette méthode puisse s'appliquer aux différents cas qui se présentent, et même à ce qu'on appelle des systèmes nouveaux, parce qu'ils ne diffèrent des anciens que par une combinaison différente des mêmes moyens de sûreté ou de défense. On peut donc, par ce moyen, connaître les avantages d'un projet de fortification, les comparer avec ceux d'un autre projet, les balancer avec les dépenses que l'un ou l'autre exigent, et prononcer entre eux.

» C'est par cette méthode que les officiers du génie français sont parvenus, depuis M. de Vauban, à pouvoir, comme lui, prévoir d'avance avec assez d'exactitude la durée d'un siége, et ce fait, qui paraît n'être pas contesté, doit donner de cette même méthode une idée avantageuse.

» Jusqu'ici elle n'avait pas été publiée. Il nous paraît donc que cette méthode, qui a pour auteur un des membres de l'Académie, dont la mémoire lui est respectable et chère, mérite d'être connue; que sa publication peut être utile aux progrès d'un art important; que la méthode en elle-même est absolument fondée sur l'expérience et l'observation, et qu'en conséquence elle mérite d'être imprimée sous le privilége de l'Académie.

» Mais nous croyons devoir observer en même temps que les auteurs du mémoire n'ayant donné que les principes généraux de la méthode, et n'ayant rien publié sur les données d'après lesquelles on peut en faire l'application à des cas particuliers, l'Académie ne peut juger du degré d'exactitude et de précision des résultats auxquels on peut atteindre dans l'état actuel de l'art de construire, de défendre et d'attaquer les places. *Signé :* le duc DE LA ROCHEFOUCAULD, LA PLACE, et le marquis DE CONDORCET.

» Je certifie le présent extrait conforme à son original et au jugement de l'Académie. A Paris, ce 30 mars 1785. *Signé :* le marquis DE CONDORCET. »

Maintenant, monsieur, pour vous donner une idée plus complète de ce mémoire, et vous indiquer quelles aberrations peut occasionner la manie de la science, il faut citer M. de Fourcroy lui-même; en voici deux passages très curieux :

Des principes de comparaison entre les ouvrages de la fortification.

« Dès que nous concevons nettement un mieux et un moins bien dans un objet qui peut nous être utile, c'est un mouvement naturel à notre raison, comme à notre curiosité, de soumettre les propriétés de cet objet à quelque *échelle* de comparaison entre la mesure de nos besoins et celle des moyens pour y satisfaire. C'est sur ces échelles propres à chacun des arts, même les moins industrieux, que nous jugeons sainement du degré de perfection entre toutes celles de leurs productions que nous pouvons avoir à choisir, attendu que les arts, non plus que la nature, ne produisent rien de bon ou de mauvais que par comparaison. La durée d'une étoffe et le prix de son achat, comparés à la durée et au prix d'une autre étoffe, est l'échelle que consulte un homme économe qui veut se vêtir, etc. La fortification doit donc avoir nécessairement aussi son *échelle comparative*, composée, comme pour tous les autres arts, de *sa dépense* et de *ses effets*. Tout ce qu'exige l'usage de cette échelle pour être utile, c'est que ses deux éléments soient exactement et numériquement connus.

. . . .

» Il est donc démontré que les deux éléments de notre échelle comparative pour les ouvrages de la fortification sont parfaitement connus, savoir, *leur dépense et tous leurs effets*. Il ne fut pas difficile aux officiers du génie de déduire de ces données la *formule générale* concernant la valeur relative ou le mérite comparatif pour la guerre, des divers ouvrages que cet art peut inventer. Puisque la fortification, dirent-ils, est d'autant meilleure qu'elle produit de plus grands effets par une moindre dépense, *son mérite*, ou sa véritable valeur *pour la guerre*, *peut* donc *être exprimé par la somme de ses effets divisée par la dépense de sa construction*, *et dès lors*, par une indispensable conséquence, *tous les ouvrages*, *ou les fronts de fortification*, *à comparer les uns aux autres*, *seront entre eux de valeurs proportionnelles* aux quotients de ces divisions, c'est-à-dire (en langages des mécaniques) *aux moments de ces ouvrages ou fronts*.

» C'est la recherche des *moments* de la fortification que nous nommons son *analyse*. C'est l'échelle que nous composons de ces moments qui forme *la véritable pierre de touche* de l'art, le *trébuchet sensible* qui ne peut jamais nous tromper sur le mérite des productions de la fortification. C'est l'usage de cette *pierre de touche* entre nos mains *qui met notre art au rang des sciences positives* (1).

Afin, monsieur, qu'il ne vous reste aucun doute sur la manière dont M. de Fourcroy entendait que les ingénieurs fissent cette application, voici encore un passage de son mémoire dans lequel il l'a appliqué lui-même, et qui se trouvant précisément à la fin devait particulièrement fixer l'attention des auteurs du rapport.

Du mérite pour la guerre, ou de la valeur relative de ces fronts bastionnés.

» Si maintenant on applique à ces différents fronts *notre formule générale* pour connaître numériquement leurs valeurs relatives, on trouvera que la force absolue du front moderne étant au décagone de trente jours, et sa dépense représentée par le nombre 16, sa valeur pour la guerre, ou *son moment* est exprimé par 30/16 = 1,87 : que la force absolue de l'ancien front à flancs concaves étant au décagone de vingt-quatre jours, et sa dépense exprimée par le nombre 15; *son moment* est exprimé par 24/15 = 1,60 : d'où il suit invinciblement que les moments de ces deux fronts sont entre eux dans le rapport de 19 à 16.

» On pourrait donc construire une *échelle comparative* des moments de ces fronts suivant les divers polygones dont ils peuvent faire partie, pour apercevoir d'un coup d'œil leurs différentes valeurs comme il suit :

(1) Voyez page 23 du mémoire.

	Fronts.	Forces absolues.	Dépenses	Moments ou valeurs relatives,
Ligne droite.	Moderne	40 jours.	16	25
	Ancien, à flancs droits . . .	31	14	22
	Anciens, à flancs concaves.	31	15	20
Dodécagone.	Moderne	30	16	19
	Ancien, à flancs droits. . .	24	14	17
	Ancien, à flancs concaves .	24	15	16
Hexagone . .	Moderne	22	16	14
	Ancien, à flancs droits . . .	17	14	12
	Ancien, à flancs concaves .	17	15	11

Ce n'est point ici le lieu de discuter la méthode de M. Cormontaingne, pour trouver la durée probable du siége d'une place, appelée par Fourcroy *valeur absolue*. Je consens à la considérer comme suffisamment approximative, pourvu que l'on prenne le résultat comme un minimum; mais je ne puis faire la même concession relativement à la dépense; les nombres 14, 15 et 16 par lesquels M. Fourcroy divise les jours indiquant la durée du siége, n'expriment point les *dépenses réelles ou fictives*, données par leurs états estimatifs; ces dépenses sont de *cent quarante mille*, *cent cinquante mille* et *cent soixante mille* livres ou francs. Par conséquent, voulant avoir le rapport de la force absolue à la dépense, ou ce qu'il appelle le *moment* du front moderne, par exemple, c'était par 160,000 et non par 16 qu'il devait diviser le nombre de jours 40, en supposant que les deux termes de sa fraction fussent comparables! Je demanderai maintenant d'après quelle autorité, d'après quelle règle, cherchant le rapport entre deux termes d'une fraction, on se permet de diviser le dénominateur par *dix mille*, en laissant le numérateur le même; n'est-il pas évident qu'ainsi le résultat obtenu est dix mille fois trop fort, par conséquent le moment ou valeur relative n'est point représenté par 25, mais par 25 cent millièmes; mais 25 cent millièmes de quoi? c'est ce que ni M. Fourcroy ni les partisans de son principe ne sauraient dire!

Prétendra-t-on que, voulant ramener son dénominateur à un nombre abstrait, il a pris *dix mille francs* pour unité de comparaison? alors je demanderai pourquoi *dix mille* plutôt que *cent mille*, plutôt que *mille*, plutôt que *cent*, plutôt que *dix*, ou plutôt que l'*unité;* à cette question il n'y a point de réponse satisfaisante à faire.

Si du front moderne nous passons à l'ancien front à flancs droits, son moment serait de 31 divisé par cent quarante mille ou 22 cent millièmes; ainsi les moments du front moderne et de l'ancien front à flancs droits ne différeraient entre eux que de 0,00003, au lieu de différer de trois unités, quoique leurs quotients fussent dans le rapport de 25 à 22. Mais toujours se présente la même question: Quelle est la nature de ces unités ou fractions d'unités?

Vous voyez, monsieur, que tout est incohérence dans cette *pierre de touche;* que ce *trébuchet sensible* n'est bon qu'à attraper les moineaux du corps du génie qui jugent sur la parole du maître, sans lui demander compte de ses raisons; et cependant il y a soixante ans que ce principe est en honneur; il n'a point été flétri par l'Académie, et les doctrinaires dont parle M. Vauvilliers, les gros bonnets du corps l'appliquent tous les jours pour juger nos productions et les leurs.

Je vous ai dit, monsieur, que les généraux Haxo et Valazé étaient partisans et admirateurs outrés de ce principe; d'après la haute opinion que vous avez du génie de vos illustres amis, cela vous paraîtrait peut-être incroyable, si je ne vous en fournissais des preuves : en voici d'irrécusables, signées de leurs mains.

M. le général Haxo est auteur d'un système de fortification dont il avait fait graver le plan en 1825 ou 1826; il distribuait volontiers ce plan aux officiers du génie ; mais il leur faisait signer un engagement dont il avait un grand nombre de copies manuscrites en réserve. Voici la teneur de cet engagement qu'il me présenta en me remettant sa planche gravée.

« Le général Haxo, flatté de l'honneur que M. *le* » *capitaine Choumara* veut bien faire à ses études » de fortifications, s'empressera de lui en envoyer les » feuilles gravées; mais il y met les conditions suivan- » tes, dont il ne peut se départir pour personne, et » auxquelles il le prie de consentir par écrit en signant » le présent billet.

» 1° M. *le capitaine Choumara* ne laissera pas pren- » dre copie des feuilles gravées; 2° il s'engage à en- » voyer au général Haxo, dans le délai d'une année: » 1° un mémoire critique sur l'ensemble et sur les » détails des dispositions exprimées sur les feuilles » gravées; 2° un journal de siége dirigé sur un bastion » entre deux demi-lunes, lequel sera conduit d'après » les principes de Cormontaingne, et accompagné d'un » dessin dont l'échelle ne sera pas au-dessous de deux » millièmes: les progrès des attaques y seront distin- » gués de nuit en nuit par des couleurs différentes.

» *Signé, le capitaine du génie* Th. CHOUMARA. »

Paris, le 25 juin 1826.

Sur ce billet est écrit de la main de M. Vaillant, aide-de-camp du général Haxo, qui, de capitaine venait d'être nommé chef de bataillon, en passant sur le corps d'un grand nombre de ses camarades plus anciens, et est aujourd'hui officier-général :

« D'après la demande du général Haxo, M. Chou-» mara m'a remis la première feuille gravée des études » de fortifications le 26 janvier 1827 (1).

» *Signé*, VAILLANT. »

Le général Haxo ne demandait point d'état estimatif parce qu'il l'avait fait faire à son bureau, et c'était de cet état estimatif inconnu aux officiers, comparé aux journaux de siége fictifs, qu'il déduisait *le moment* à la Fourcroy.

Voici une autre pièce non moins curieuse :

En 1827 j'avais fait imprimer l'ouvrage dont j'ai parlé plus haut ayant pour titre: *Examen raisonné des propriétés et des défauts des fortifications existantes, etc.* J'en adressai un exemplaire au général Valazé, avec

(1) On demandera peut-être pourquoi le général Haxo m'ayant remis son plan gravé, le fit reprendre ensuite. Pour bien éclaircir ce fait il faudrait donner une correspondance assez curieuse entre ce général et moi ; elle se compose de quatre lettres, trop longues pour trouver place ici, on les trouvera ailleurs. Pour le moment, je me bornerai à dire qu'ayant trouvé de graves défauts à ce système, et ayant reconnu sur ce plan des dispositions prises dans des mémoires que j'avais adressés au comité du génie, je me trouvai forcé de faire imprimer ces mémoires, en faisant connaître les principales dispositions imitées par le général Haxo; cela occasionna une rupture entre nous; on ne me pardonna pas d'avoir voulu conserver la propriété de mes idées.

lequel j'avais servi agréablement en Espagne, et conservé des relations d'amitié assez intimes. Il m'écrivit à ce sujet le billet suivant :

« Mon cher Choumara, je vous remercie du cadeau » que vous me faites ; je lirai votre ouvrage avec plaisir » et avec attention. J'ai déjà parcouru la table ; j'ai vu » que vous traitez avec détail la question des journaux » de siége fictifs ; je verrai avec bien de l'intérêt quelle » est votre opinion à ce sujet. *Il me semble qu'elle devait » être différente de la mienne.* Je pense que vous établi» rez la vôtre de manière à me convaincre.

» Tout à vous d'amitié :

» *Signé*, le général VALAZÉ. »

Paris, le 26 novembre 1827.

Le général Valazé et moi pensions, en effet, très différemment sur le principe des moments ; nous avions eu à ce sujet avant l'impression de mon ouvrage une longue discussion dans laquelle je lui avais présenté les raisons d'après lesquelles je considérais l'idée de M. Fourcroy comme absurde ; mais un général ne pouvait céder aux arguments d'un capitaine, fussent-ils les meilleurs du monde. Nous restâmes chacun dans notre opinion ; lui, me renvoyant au mémoire sur la fortification perpendiculaire, moi le renvoyant au travail que j'allais publier.

Je dois vous mettre en mesure de juger si mes arguments étaient de nature à convaincre un adversaire de bonne foi ; voici quelques passages tirés de cet ouvrage :

Examen critique du mode adopté pour juger la durée probable d'un siége.

95. Il est fâcheux d'être obligé de se servir d'un instrument de l'inexactitude duquel on est convaincu, sans connaître au juste combien il s'écarte de la vérité ; c'est cependant à quoi on se trouve réduit quand on veut estimer la valeur d'une place, en y appliquant l'échelle de comparaison de M. de Cormontaigne, et le principe des moments de M. Fourcroy.

On pardonnera peut-être difficilement à un officier du génie de se prononcer contre ce moyen, qui est *le creuset, la pierre de touche* par lesquels, depuis longtemps, on fait passer toutes les noveautés en fortification ; cependant, après avoir lu attentivement le mémoire de M. Fourcroy sur la fortification perpendiculaire, les objections faites par plusieurs auteurs, et notamment par Carnot, contre ce moyen ; après y avoir réfléchi avec impartialité, en pensant à ce que nous avons vu, soit dans l'attaque, soit dans la défense, nous sommes forcé de partager l'opinion de ce dernier auteur, sans cependant trouver également bonnes toutes les raisons qu'il donne.

Il nous paraît avoir mal choisi son exemple (*Défense des places fortes*, pages 68 et 69) en prenant le front d'un hexagone, et celui d'un dodécagone, ayant même côté extérieur, pour comparer les places entières ; car l'une et l'autre ne remplissent pas le même objet, ne sont pas destinées à renfermer le même espace, à fortifier la même courbe ou le même polygone.

Il est évident, en effet, que la courbe à fortifier étant donnée, on ne peut pas y appliquer indifféremment un hexagone et un dodécagone, ayant même côté extérieur ; car si celui-ci est nécessaire, l'hexagone ne pourrait envelopper que la moitié du circuit, ne formerait en un mot qu'une demi-place.

Ainsi le général Carnot suppose à M. Fourcroy une idée qu'il n'a probablement pas eue, en comparant le moment d'une place hexagonale au moment d'une place dodécagonale du même système, pour en tirer la conséquence que cette dernière vaut mieux que la première ; car M. Fourcroy ne donne que ce qu'il appelle la *force absolue* de chaque front, sans en déduire le moment ; il ne compare que les moments des fronts des polygones d'un même nombre de côtés dans les anciens tracés et le tracé moderne. La conclusion que l'on en doit tirer est que si l'on avait à fortifier un espace compris entre deux points déterminés, il vaudrait mieux placer les fronts destinés à fermer cet espace, en ligne droite, que de former une courbe convexe vers la campagne, puisqu'ainsi on obtiendrait une économie dans la dépense, et une plus grande durée pour la défense; ici M. Fourcroy a incontestablement raison. (*Voyez* le Mémoire sur la Fortification perpendiculaire, pages de 25 à 35.)

Il est vrai qu'il a motivé cette injustice par celle qu'il commet à l'égard de M. de Montalembert dans l'examen de l'heptagone à tenaille, puisqu'il établit la comparaison d'un front de cet heptagone de 306 toises de côté, avec un front du dodécagone moderne de 180 toises, sous le rapport de la dépense (1).

L'heptagone à tenaille et le dodécagone moderne, étant à peu près destinés à fortifier la même courbe, il est évident, qu'ainsi que M. de Montalembert le réclame, le moment doit se déterminer en prenant le quotient de la durée du siége d'un front divisé par la dépense totale de la place; ce qui donnerait, en partant des données du Mémoire de M. Fourcroy (page 45):

Pour le dodécagone moderne. . . . . . $\frac{30}{16 \times 12} = 0\ 1562.$

Pour l'heptagone à tenaille. . . . . . . $\frac{16}{18 \times 7} = 0\ 1269.$

En général, soit F la force absolue, D la dépense d'un front, et N le nombre de fronts d'une place du système moderne, F' la force absolue, D' la dépense d'un front et N' le nombre de fronts d'une place d'un système quelconque S, destiné à fortifier la même courbe, on aura pour les moments

(1) M. de Fourcroy établit enfin la comparaison avec l'heptagone à tenaille rapporté à 180 toises de côté; mais on reconnaît qu'il ne fait cette concession que parce que la comparaison est encore favorable au système moderne; il n'en pose pas moins en principe que l'on doit comparer les fronts sous le rapport de la dépense, sans les rapporter au même polygone; ce principe nous paraît évidemment faux.

Du système moderne $\frac{F}{D \times N}$

Du système S. . . . $\frac{F'}{D' \times N'}$

Ceci est sans doute moins inexact que la formule de M. de Fourcroy, mais est encore bien loin de la vérité.

Un des grands défauts des moments de M. de Fourcroy est de faire entrer dans les calculs, *comme ayant la même valeur, des jours qui ne se ressemblent nullement, et qu'il est presque impossible de comparer;* il y a une différence énorme entre un jour passé près de la première parallèle, et un jour passé à attaquer une brèche, y faire un logement, ou faire un passage de fossé, lorsque les feux de flanc ne sont pas éteints; les pertes de l'assiégeant, dans ces derniers cas, peuvent être tellement grandes, que si elles doivent se répéter plusieurs fois, elles le mettront hors d'état de continuer, et le forceront de renoncer à son entreprise.

Supposons une place, dont la garnison est de huit mille hommes, assiégée par une armée de quarante mille hommes; faisons abstraction des pertes éprouvées de part et d'autre jusqu'au moment où l'assiégeant doit établir les premières batteries de brèche; admettons que, pour qu'il s'empare complétement des ouvrages correspondants à cette première époque de batteries, le rapport des pertes soit comme 5 est à 1er; si l'assiégé y sacrifie mille hommes, l'assiégeant en perdra cinq mille : admettons que, pour s'emparer des ouvrages correspondants à la deuxième époque de batterie de brèche, le rapport des pertes soit comme 10 est à 1, et que l'assiégé sacrifie encore mille hommes, l'assiégeant en perdra dix mille. En continuant dans la même proportion, après la prise des ouvrages correspondants à la troisième époque de batteries de brèche, il ne restera plus à l'assiégeant que quinze mille hommes, et l'assiégé en aura encore cinq mille, en sorte que s'il restait encore deux époques de batteries de brèche, il faudrait nécessairement lever le siége ; il est même probable qu'il n'irait pas jusqu'à la troisième époque.

Pour établir avec quelque justesse le moment de la fortification, il faudrait non seulement faire entrer en considération la durée probable du siége et la dépense de construction, avec la modification indiquée plus haut dans la formule, mais aussi les dépenses que l'assiégeant doit faire, le temps qu'exigent les préparatifs de l'attaque, les pertes comparatives qu'il doit éprouver, et chercher si, en raison de ces données, il pourra pousser son entreprise à bout, etc.

Si on voulait abuser du calcul, il serait facile de donner une formule plus compliquée, à la vérité, mais plus exacte que celle de M. de Fourcroy, quoique non rigoureusement vraie, car il nous paraît impossible d'arriver à de bons résultats en comparant *des jours à de l'argent.*

Mémoires sur la fortification, par Th. Choumara, in-8. 1827, pages 302 à 308.

Arrêtons-nous ici. Ce dernier argument, présenté il y a seize ans, étant celui sur lequel vous vous appuyez aujourd'hui, pour combattre la formule du colonel Vauvilliers, vous reconnaissez, par cela même, sa puissance contre la *formule des moments de la fortification;* vous êtes forcé dès lors de reconnaître que la balance dont on se sert depuis plus de *soixante* ans, dans le corps du génie, pour peser les *idées nouvelles en fortification,* est essentiellement fausse; ceux qui en ont fait usage jusqu'à ce jour sans en signaler l'inexactitude ont manqué de lumières ou de loyauté! Or, ce sont précisément les doctrinaires du corps du génie qui ont inventé et appliqué cet instrument trompeur, pour rabaisser les œuvres de leurs adversaires: *Cormontaingne* contre *Bélidor, Fourcroy* contre *Montalembert, Haxo* contre *Carnot*, etc. Jugez d'après cela de la perspicacité et de l'impartialité de leurs appréciations, de la justesse de leurs autres principes! *Ab uno disce omnes.* Vous ne vous étonnerez plus si, sous ces chefs de coterie, la vraie science de l'ingénieur militaire a rétrogradé, et se trouve aujourd'hui au-dessous de ce qu'elle était il y a trois siècles.

Ce n'est point ici une assertion vague jetée au hasard; le système si péniblement élaboré de 1815 à 1825 par le général Haxo n'est que l'imitation d'une disposition indiquée dans l'ouvrage de Maggi et Castriotto, publié en 1564 à Venise. A la page 66 de cet ouvrage, on trouve le plan d'une place octogonale, formée par une enceinte de tours réunies par des courtines, et recouvertes par des contre-gardes à orillons; les deux contre-gardes d'un même front sont liées par une muraille dans laquelle sont pratiqués deux passages, fermant avec portes, couverts par les orillons des contre-gardes; la partie de ce mur non couverte par les orillons l'est par une masse de terre à l'épreuve du boulet, dont le devant se termine par un talus à terre coulante. Ce couvre-face général réunit les propriétés d'une enceinte continue à celles des ouvrages détachés, en rendant les contre-gardes indépendantes les unes des autres.

C'est évidemment cette disposition, exécutée dans la place de Calais, d'où Castriotto l'a tirée, qui a donné naissance au système *à tours bastionnées* de Vauban. Le bastionnement des tours excepté, la disposition de Castriotto est préférable à celle de Vauban; il a évité les trouées des tenailles par ses orillons de contre-garde. La tenaille n'est donc point, ainsi qu'on le dit dans tous les traités de fortification, de l'invention de Vauban, puisqu'elle avait été mise en usage avant 1564 dans la place de Calais, et gravée dans un ouvrage portant cette date ; mais M. de Vauban l'a portée plus en avant, afin de couvrir le flanc des bastions ou contre-gardes, et a supprimé les murs adjacents aux contre-gardes pour isoler entièrement la tenaille. Cette suppression ne paraît pas heureuse.

Ce que le général Haxo s'est proposé dans son système est donc évidemment ce que Castriotto avait fait deux cent quatre-vingts ans avant lui ; le général lui a emprunté la contre-garde à orillons, recouvrant la tenaille pour dissimuler la trouée; il a noyé cette idée dans une foule de petits détails empruntés à droite et à gauche, auxquels il a donné un vernis scientifique; mais le squelette mis à nu laisse découvrir plusieurs défauts graves. Je les ai signalés en 1827, pour tenir les officiers du génie en garde contre la séduction et l'influence de la réputation de l'auteur.

Le défaut commun au système de Castriotto et à celui du général Haxo est que l'orillon de la contre-garde ou du bastion, n'étant point couvert par la tenaille, les contre-batteries des saillants des bastions ou contre-gardes adjacents mettent ces orillons en brèche, en sorte que les retranchements se trouvent tournés ! Voir les *Mémoires sur la fortification* par T. Choumara, p. 84 à 89.

Maintenant, monsieur, je me demande comment M. Arago, faisant une guerre si rude aux *doctrinaires politiques*, se trouve-t-il dans les rangs des *doctrinaires du corps du génie*, dont l'influence, datant de beaucoup plus loin, n'a pas été moins funeste à la France? Je me demande comment M. Arago, réclamant chaque jour à la tribune des réformes politiques, attaque le colonel du génie dont l'ouvrage est consacré à signaler des abus dangereux et ruineux pour le pays, par suite de l'organisation vicieuse du service du génie sous le rapport du matériel et du personnel? Je me demande enfin pourquoi, parmi tant d'écrits publiés sur les fortifications en général, et sur celles de Paris en particulier, vous avez choisi celui du colonel Vauvilliers pour en faire l'objet de votre raillerie, cherchant à le tuer d'un seul coup, si cela eût été possible, en le présentant aux lecteurs comme un tissu d'absurdités? Je me demande s'il n'y aurait point ici quelque mystère à dévoiler; si vous n'auriez point, dans cette occasion, servi d'instrument à quelque rancune ténébreuse, trop prudente pour se manifester au grand jour, et entrer personnellement en lutte contre celui qu'on a eu l'adresse de vous faire attaquer?

La réponse à ces questions me paraissant offrir quelque intérêt, permettez-moi de vous faire part des réflexions auxquelles je me suis livré pour la trouver.

Vous nous apprenez, vous nous répétez souvent que vous avez été intimement lié avec le général Haxo; vous le désignez ordinairement sous le titre de *votre illustre ami;* le colonel en retraite ne paraît pas partager votre admiration pour les talents du général, dont l'influence désastreuse sur le corps du génie, pendant vingt-cinq ans, lui est connue. M. Vauvilliers manifeste son opinion, et laisse percer celle des officiers *non doctrinaires*, par des révélations d'autant plus piquantes qu'elles sont relatives à une place dans laquelle le colonel était directeur des fortifications, en même temps que le général Haxo *déployait tout son génie* pour faire de cette place un monument destiné à transmettre aux générations futures une preuve matérielle de sa supériorité sur Vauban lui-même. Cette place est *Befort*, dans laquelle plusieurs créations de Vauban ont été mutilées d'une manière déplorable; où des sommes énormes ont été englouties pour transformer des *fronts à tours bastionnées* en *fronts angulaires*, des *ouvrages à corne* en *portions d'enceintes*, et autres dispositions plus ou moins bizarres qui exigeraient, comme je l'ai dit ailleurs, dans le temps, *une compagnie de guides* et *un éclairage par le gaz* pour que les défenseurs pussent trouver les points où ils doivent se rendre.

Voici ce que l'on trouve à ce sujet dans l'ouvrage de M. Vauvilliers :

« Que l'on examine beaucoup de forteresses des plus renommées (1), » et l'on reconnaîtra que plusieurs d'entre elles comprennent un » nombre d'ouvrages si considérable qu'il y en aurait assez pour en » former plusieurs autres avec chacune d'elles, tant on y a amoncelé » de *petits murs*, de *bastionnets*, de *petites tours* et de *subtilités ruineuses* sans effet; chacun a voulu laisser inscrites sur le sol gémis» sant les traces de son *prétendu génie, véritable chaos inextricable*, » dans lequel les *féconds inventeurs eux-mêmes ne sauraient se guider*. » *Compositions bizarres*, *fruit d'une imagination sans règle*, où la » chose la plus difficile serait d'y établir le moindre canon en sûreté.

» Des hommes qui, par leur position hiérarchique (subalterne) » sont *forcés de concourir à l'érection de ces monuments étranges*,

(1) M. Vauvilliers cite Magdebourg; mais tout ce qu'il dit ensuite se rapporte à Befort.

» que le public ne peut apprécier, et qui nous accuseront dans les » âges futurs, *en font la critique secrète*, et ils s'expriment entre eux » par de nouveaux noms caractéristiques ajoutés à la technologie si » sage de Vauban.

» Là, tel ouvrage a été appelé le *crapaud volant*; ici, tel autre est » la *chauve-souris aux ailes déployées*! ailleurs, c'est le *papillon* » *effrayé*; là-bas, l'on a *la langue du serpent*; et ces *justes critiques* » *vengent l'art méconnu* en recourant, pour en stigmatiser les pro- » duits, aux noms fantastiques de tous les animaux de l'Apocalypse, » quand, dans leur superbe naïveté, leurs confiants auteurs nous les » donnent comme des preuves de progrès et comme leurs titres à la » renommée, avec ses conséquences.

» Aussi se précipite-t-on de tous côtés vers ces *singularités fruc-* » *tifiantes, et tout téméraire qui tenterait d'évoquer les bons principes* » *ne manquerait pas d'être éconduit.* »

En note M. Vauvilliers ajoute :

« C'est une chose assez remarquable que la nomenclature bizarre de » ces nouveaux ouvrages soit imitée des ingénieurs espagnols. La » plupart des formes inventées, dit-on, par le général Haxo sont » tout bonnement importées d'Espagne, et les modèles ont été pris en » Catalogne ou dans les vieux châteaux du moyen-âge. »

Ce passage n'aurait-il point blessé quelque puissante dame dont l'influence sur le corps du génie est connue? Pour venger cette atteinte portée à une gloire dont elle a partagé pendant vingt-cinq ans les fructueuses prérogatives, n'aurait-elle point fait un appel à quelques preux chevaliers disposés à soutenir en champ-clos cette gloire si chèrement payée..... *par l'État?* S'il en était ainsi, sans doute les *collaborateurs*, *dessinateurs*, *défilateurs*, *admirateurs* des *crapauds-volants*, des *chauves-souris*, des *papillons effrayés*, des *langues de serpent*, qui les ont portés si haut, se seraient présentés en foule pour combattre l'audacieux *blasphémateur de la doctrine et de ses admirables productions;* on n'aurait eu que l'embarras du choix. Pour mettre les prétendants d'accord, on aurait dû recourir aux moyens indiqués dans les romans de chevalerie ou dans le *Lutrin* de Boileau ; mais le sort pouvant faire tomber la cause en de *faibles mains*, et amener d'autres combattants sur le terrain, on aura mieux aimé la remettre entre les vôtres. Le moyen pour arriver à ce résultat était simple : il suffisait de faire tomber *fortuitement* la formule malencontreuse sous vos yeux, d'évoquer l'ombre plaintive de l'Arithmétique, outragée jusque dans ses éléments! Il suffisait de dire que si tous briguaient l'honneur de combattre pour une belle comtesse, vous seul pouviez produire un grand effet en attaquant *une formule ;* chacun reconnaissant en vous le défenseur naturel d'une des compagnes d'Uranie, se sera empressé de *renforcer votre armure,* afin de vous rendre invulnérable. Mais, vanité des vanités! au moment où vous rêviez un éclatant triomphe, où vous étiez prêt à vous écrier : Sous l'œil de la beauté, que la gloire a d'appas! un cruel désappointement vous attendait! Veuille le ciel qu'une main bienfaisante applique sur votre blessure un baume plus efficace que celui de Fier-à-Bras!

N'étant point initié aux mystères de ce que l'on appelle le grand monde, je n'ai pu présenter que des conjectures plus ou moins probables; je vous les donne comme telles : si je me suis trompé, veuillez me redresser; pour tant d'assertions basardées par vous, il est bien juste que je vous offre prise sur un point!

Je n'affirme donc qu'une chose, c'est la réalité de votre blessure, pour en bien marquer toute la profondeur; récapitulons rapidement les erreurs dans lesquelles vous êtes tombé.

RÉSUMÉ

DES PREMIÈRES ERREURS DE M. ARAGO.

1° Vous avez à combattre un volume de faits de près de 400 pages, renfermant 27 tableaux très étendus d'actions de guerre livrées dans les diverses circonstances où les armées peuvent se trouver par suite des accidents du terrain ou des travaux de fortification. Tout l'ouvrage est consacré à tirer des conséquences de ces tableaux; ce sont donc ces tableaux et leurs conséquences qu'il fallait attaquer : les premiers sont-ils fautifs? les secondes sont-elles erronées? Là est toute la question.

Que faites-vous cependant?

Vous laissez de côté les tableaux, comme s'ils n'existaient pas! Vous laissez de côté les conséquences déduites, comme si elles n'eussent pas été tirées. Vous vous précipitez sur une formule inutile, étrangère à l'ouvrage, en quelque sorte imperceptible au milieu des 400 pages où elle est noyée; vous vous *fourvoyez* en cherchant à prouver qu'elle est absurde ! puis, satisfait de vous-même, vous montez en vainqueur au Capitole pour rendre grâces aux dieux, comme si vous eussiez foudroyé, réduit en poudre l'audacieux blasphémateur de la coterie doctrinaire du corps du génie. Vous ne vous apercevez pas que, pour vous répondre, dans le cas même où votre critique eût été fondée, il n'eût eu qu'à vous dire :

Ma formule est un hors-d'œuvre, et je vous l'abandonne.

Cette réponse, monsieur, il vous l'a faite d'avance, comme s'il eût prévu votre article; voici, en effet, ce que l'on trouve à la page 317; il n'y a qu'un mot à changer :

« Eh bien! quittons les *formules* (dans l'ouvrage il y a : quittons les » hauteurs). Ne voyez dans cet ouvrage qu'une *table analytique de* » *matières*, un *tableau synoptique*, une *simple nomenclature* de tous » ces faits relatifs à une catégorie d'actions de guerre. Est-ce qu'un tel » résumé n'a pas son utilité? Est-ce que beaucoup de jeunes officiers, » curieux de s'instruire, n'y trouveront pas une *sorte de répertoire* qui » leur épargnera de longues et fastidieuses recherches? »

Vous le voyez, monsieur, votre condamnation est écrite dans ces lignes; ce que l'on peut dire de plus avantageux pour vous, c'est que vous avez jugé le livre sans le lire ou sans le comprendre. Creusez votre féconde imagination, je vous défie de trouver moyen de vous tirer du guêpier où vous vous êtes fourré.

Dans cette circonstance, vous avez donc manqué de tact; en écrivant sur la fortification vous vous êtes montré ingénieur maladroit; vous n'avez pas su choisir votre point d'attaque; vous avez perdu votre temps et votre rhétorique contre un *fortin accessoire*, dont la prise ne pouvait vous donner entrée dans la place; vous avez agi comme lord *Wellington* à Toulouse, vous n'avez pu entamer la vraie ligne de bataille; après avoir reçu une aussi rude leçon, vous agirez prudemment en imitant sa réserve et ne tentant pas une seconde attaque (1).

2° Non seulement vous avez manqué de tact pour saisir le vrai point d'attaque, mais, en ayant choisi un mauvais, vous vous êtes écarté du chemin de la *vérité* et de la *justice* en dénaturant les idées de l'auteur, en présentant comme conséquence *absolue*, *invariable*, *indispensable* de la formule, un résultat conditionnel, résultat d'une hypothèse particulière sur les valeurs des quantités dont cette formule se compose; vous avez supposé que toujours la formule dirait : *cinquante mille* hommes attaquant une place seront aussi forts que *soixante mille* la défendant, tandis qu'en faisant d'autres hypothèses sur les valeurs comparatives des fortifications de la place, des tranchées de l'assiégeant, des vitesses de l'armée défensive et de l'armée offensive, on obtient des résultats très différents, et plus ou moins approchants de ceux donnés par l'expérience; tels que

(1) Je rappelle à dessein la bataille de Toulouse, parce que M. Vauvilliers l'a classée, *à tort*, parmi les batailles perdues. Je me réserve de revenir sur ce sujet, éminemment propre à faire comprendre comment l'emploi raisonné de la fortification peut rétablir la balance entre des forces très inégales, et la faire pencher en faveur du plus faible. On verra dans cet exemple l'inverse des tableaux de M. Vauvilliers : quatre ou cinq succès obtenus par le bon emploi de la fortification, contre un seul revers, causé par une fausse manœuvre dont le résultat a été de paralyser l'action de deux redoutes en s'interposant entre elles et l'ennemi.

celui-ci, par exemple : *cinquante mille* hommes défendant Paris seraient aussi forts que *trois cent mille* hommes l'attaquant.

3° Non seulement vous avez manqué de *tact*, de *justice* et de *vérité*; vous avez aussi manqué de *connaissances en mathématiques*, et d'*intelligence* dans l'examen critique, fait par vous, de la formule du colonel Vauvilliers. Vous l'avez accusé d'établir une comparaison entre des quantités hétérogènes ; d'avoir au numérateur de sa fraction une *masse*, tandis qu'il avait au dénominateur une *masse* multipliée par une *vitesse*. Vous l'avez accusé d'avoir laissé de côté, pour les assiégés, le multiplicateur dépendant de la vitesse ! *Toutes ces accusations sont erronées*. Vous n'avez pas su, ou vous avez oublié que tout nombre, entier ou fractionnaire, positif ou négatif, réel ou imaginaire, a pour multiplicateur l'unité, que par conséquent l'A + B de la formule équivalait à (A + B) × 1. En laissant ce multiplicateur sous-entendu, l'officier du génie s'était conformé aux conventions adoptées par les mathématiciens, tandis que l'académicien paraissait ne pas les connaître.

4° Par suite de cette grave erreur, vous n'avez pas compris que dans ce membre d'équation, le multiplicateur 1 représentait la vitesse des défenseurs de la place, que la vitesse de ceux-ci étant prise pour unité, V, représentant la vitesse des assaillants, n'était plus qu'un nombre abstrait, résultant de la comparaison des deux vitesses entre elles; qu'ainsi les deux termes de la fraction étaient de même nature et pouvaient être comparés.

5° Ces deux *méprises, inconcevables* de la part d'un membre distingué de l'Académie des sciences, vous ont conduit à une *troisième*, plus *inconcevable*, s'il est possible. Vous avez prétendu que l'auteur des Nouvelles considérations militaires devait, *de par l'arithmétique, faire usage du multiplicateur zéro, toutes les fois que ses raisonnements l'amenaient à s'occuper d'une armée assiégée.* Ainsi vous avez réalisé la fable du *singe* prenant *le nom d'un port pour un nom d'homme;* vous avez confondu une place avec sa garnison; de l'immobilité de l'une vous avez conclu l'immobilité de l'autre; vous n'avez pas compris que dans une place assiégée tout est mouvement : pour les lignes de *contre-approches*, les *sorties*, les *mines*, les *manœuvres de troupes* se portant sur les points attaqués, les *mouvements de l'artillerie*, les *manœuvres d'eaux*, les *défenses des brèches*, la *construction des batteries*, *des retranchements*, les *projectiles lancés contre l'ennemi*, etc.

Enfin, monsieur, pour que l'on dût faire le multiplicateur dépendant de la vitesse égal à zéro, il faudrait que la baguette de quelque enchanteur de votre force transformât chaque place en *palais de la Belle au bois dormant;* alors, mais seulement alors, l'officier du génie admettrait sans difficulté la conséquence; les *fortifications annuleraient réellement toute force militaire;* mais tant que la *féerie* ne sera pas passée par là, tant que les *hommes marcheront*, que les *bouches à feu tire-*

ront, que les *mines éclateront*, que les *eaux inonderont*, que les *retranchements s'élèveront*, etc., trouvez bon que M. Vauvilliers regarde cela comme du mouvement; permettez-lui de croire que ce mouvement n'a pas lieu sans vitesse; de toutes ces vitesses partielles laissez-lui composer une vitesse moyenne; permettez-lui de prendre cette vitesse moyenne pour unité de comparaison, et tâchez de vous persuader que si sa combinaison est un peu prétentieuse, elle n'a rien de plus révoltant que la plupart des hypothèses que l'on fait *sur la poussée des terres* et autres questions de mécanique ou de physique qui portent ceux qui les traitent au fauteuil académique.

—

CONCLUSION.

Voilà, monsieur, bien des erreurs graves accumulées dans une demi-colonne de journal; quel dommage que la précieuse faculté de dire beaucoup de choses en peu de mots n'ait pas reçu une meilleure destination!

Je voudrais bien en avoir fini avec vos méprises, n'avoir plus qu'à vous adresser des éloges; malheureusement je n'en suis qu'à l'*introduction*. Si sur votre propre terrain vous avez pu vous fourvoyer de la sorte, jugez de ce qui vous attend dans le domaine de l'*ingénieur militaire!* Mais n'anticipons pas sur vos douleurs à venir, pour aujourd'hui la dose me paraît assez forte; j'aime mieux vous présenter un motif de consolation en indiquant les heureux résultats que nous avons lieu d'attendre de la réfutation à laquelle vous m'avez conduit à me livrer, par votre attaque aussi peu mesurée que peu intelligente contre un ancien colonel recommandable, précisément au moment où il venait d'être mis à la retraite, grâce aux manœuvres de la coterie doctrinaire qui exploite le corps du génie, au grand détriment des intérêts de la France, en écartant les hommes dont les talents et les services lui portent ombrage.

Tout en signalant le mauvais emploi que vous en avez fait, j'ai reconnu la vérité du principe sur lequel vous vous être appuyé; je vous ai montré que j'avais invoqué ce principe, il y a seize ans, pour combattre la formule des moments de la fortification imaginée par M. Fourcroy, pour apprécier la valeur des idées en fortification.

J'ai rappelé que cette méthode consistait à chercher la durée probable du siége de la place, à faire l'état estimatif de la dépense de construction d'un front, et à diviser le *nombre de jours* indiquant la durée du siége par le *nombre indiquant la dépense.*

J'ai fait remarquer que cette formule reposait sur trois absurdités :

1° *Comparaison entre des quantités hétérogènes* non comparables, puisqu'on ne peut diviser un nombre de jours par un nombre représentant de l'argent, sans qu'il soit, *raisonnablement*, possible d'en faire des nombres abstraits.

2° Supposition d'égalité entre des jours dont les

valeurs sont très différentes, puisque les espaces parcourus et les pertes éprouvées par l'assiégeant pendant les jours passés près de la première parallèle, ne sont pas égaux aux espaces parcourus et aux pertes éprouvées, sur les glacis, aux couronnements de chemins couverts, descentes et passages des fossés, couronnements des brèches, etc.

3° *Dénaturalisation* du véritable quotient par suite de la division par dix mille du dénominateur, tandis que le numérateur reste le même, et en outre multiplication du quotient par dix, en sorte que *deux moments*, dont la différence serait de trois unités, d'après Fourcroy (*quelle qu'en soit la nature*), ne différeraient en réalité que de 0,00003, parce que le quotient de 40, divisé par 160000, est de 0,00025 et non de 25; celui de 31, divisé par 140000, est de 0,00022 et non de 22; la différence n'est donc que de trois cent-millièmes, quoique le rapport géométrique soit comme 25 est à 22.

Nous pouvons faire abstraction des deux dernières absurdités, puisque nous sommes d'accord sur ce point: la *comparaison de quantités hétérogènes* n'est point admissible; la formule de M. Fourcroy, sous un appareil scientifique, cache tout simplement une *niaiserie*, elle ne peut donc plus avoir cours dans le corps éclairé du génie français; or, monsieur, cette niaiserie a été combattue à différentes époques par des officiers de cette arme, parmi lesquels on compte Carnot, sans ramener ou convaincre les *chefs de la doctrine* : ils n'ont pu se résoudre à renoncer au *trébuchet sensible*, malgré les conséquences erronées auxquelles il les conduisait.

Votre nom, monsieur, votre autorité comme savant, seront peut-être plus efficaces ; je me félicite donc de pouvoir m'appuyer sur vous pour dire aux partisans de la formule des moments :

Doctrinaires du corps du génie, qui faites usage de cette formule, *en divisant des jours par de l'argent*, je vous déclare :

De par le savant Arago,
atteints et convaincus de commettre :
une inconcevable méprise d'arithmétique,
qui vous conduira :
à des conséquences étourdissantes.

Agréez, je vous prie, monsieur, l'assurance de la haute considération avec laquelle j'ai l'honneur de vous saluer.

Le chef de bataillon du génie,

TH. CHOUMARA.

ERRATA :

Page 2, ligne 15, en 1843, lisez : en 1833.
Page 20, dernière ligne, silen, lisez : silence qu'il.

PARIS. IMPRIMERIE DE BOURGOGNE ET MARTINET, RUE JACOB, 30.

www.ingramcontent.com/pod-product-compliance
Ingram Content Group UK Ltd.
Pitfield, Milton Keynes, MK11 3LW, UK
UKHW032007260826
14628UKWH00005B/2331

9 782019 661489